EL DESCENSO

EL DESCENSO

WILLIAM CARLOS WILLIAMS

Selección y traducción de
Juan Antonio Montiel

POESÍA
PORTÁTIL

EL DESCENSO

El descenso nos llama
    como nos llamaba el ascenso.
        La memoria es una especie
de consumación,
    una suerte de renovación,
        incluso
de inicio, pues los espacios que abre son lugares nuevos
    habitados por hordas
        de especies
hasta entonces impensadas;
    y sus movimientos
        se orientan hacia nuevos objetivos
(aun cuando antes hayan sido abandonados).

Ninguna derrota es enteramente una derrota, pues
el mundo que abre es siempre un sitio
    hasta entonces
        insospechado. Un
mundo perdido,
    un mundo insospechado,

abre paso a nuevos lugares
y no hay blancura (perdida) tan blanca como el recuerdo
de la blancura   .

Con el atardecer, el amor despierta
    aunque sus sombras
        –que dependen
de la luz del sol–
    se adormecen y se apartan
        del deseo   .

Despierta así un amor
    sin sombras
        que ha de crecer
con la noche.

Surgido de la desesperación,
    inconcluso,
        el descenso
despierta a un nuevo mundo   :
    que es el reverso
de la desesperación.
    Para lo que no podemos lograr, lo que
se niega al amor,
    lo que perdimos por anticiparnos,
        se abre un descenso
sin fin, e indestructible   .

A UN PERRO HERIDO EN LA CALLE

Soy yo mismo,
   y no la pobre bestia que aúlla de dolor
     en mitad de la calle
lo que me hace volver en mí con el
   sobresalto de la explosión de una bomba,
     una bomba
que devastara el mundo.
   ¿Qué puedo hacer
     sino cantar
para calmar
   mi pena?

Mis sentidos se embotan
   como si hubiera
     bebido cicuta, y pienso
en la poesía
   de René Char
     y en lo que debió de haber visto
y sufrido
   para hablar tan

      solo de
ríos llenos de juncias,
    y de narcisos y tulipanes
      regados por sus aguas,
o incluso de ese río sin encauzar
    que moja las raicillas
      de las aromáticas flores
que pueblan la
    Vía
      Láctea   .

Y me acuerdo también de Norma
    la setter irlandés de mi infancia
      de sus sedosas orejas
y expresivos ojos.
    Una noche dio a luz
      una camada de cachorros
en la despensa, y yo pateé
    a uno de ellos
      pensando,
alarmado,
    que mordisqueaban sus ubres
      para destrozarla.

Y también recuerdo
    un conejo muerto
      que yacía inofensivo

en la mano abierta
   de un cazador.
      Mientras yo
miraba
   él tomó su cuchillo de caza
      y entre risas
lo clavó
   en el sexo del pobre animal.
      Casi me desmayo.

¿Qué me hace pensar en eso ahora?
   Los aullidos de un perro que agoniza
      se han de acallar
como sea.
   René Char, eres
      un poeta que cree en
el poder de la belleza
   para corregir el mal.
      Yo lo creo también.
Con imaginación y valentía
   hemos de superar
      a las pobres bestias estúpidas.
Que todos lo crean,
   como tú me has enseñado
      a creerlo.

LA FLOR AMARILLA

Si debo hablar, ¿qué diré?
  ¿Que he encontrado cura
    para los enfermos?
No hallé ninguna
  cura,
    más que esta flor torcida:
con solo
  mirarla
    la gente sana.
Es a esta flor
  a la que todos cantan
    secretamente
sus himnos. ¡Esta es aquella
  sagrada
    flor!

¿Y cómo es posible?
  ¿Una flor retorcida
    y oscura? Es una
flor de mostaza,

y aun menos:
        apenas un ramillete
sobre el tallo deforme
    y de hojas carnosas,
        detrás del vidrio,
en este tiempo helado.

Una flor desgarbada
    e impropia
        del clima;
¿cómo es que ha
    conseguido tenerme
        aquí, boquiabierto,
inmóvil frente a esta ventana,
    en medio del frío,
        sin más
voluntad, sin ojos
    para nada que no sean
        sus torcidos
pétalos amarillos   ?

Que esta apariencia,
    aunque extraña
        para mí,
es común está claro:
    existen flores como esta,
        con hojas así, que crecen

en sus climas
   originarios.

Y entonces, ¿por qué la tortura
   y la fuga a través
   de la flor? Es como si
Miguel Ángel
   hubiese tomado de ella
      el tema de sus *Esclavos*
—y quizás así fue.
    ¿Y no hizo él
      florecer el mármol?
Estoy triste
   como lo estaba él
     a su manera heroica.

Pero además
   tengo ojos
      para ver
y si bien presienten mi ruina
   y la de todo
      lo que amo, descubren
también
   en mis ojos
   y mis labios
y mi lengua el poder
   para liberarme

y hablar de ello, igual
que Miguel Ángel, en sus manos,
    descubría un poder similar
        si bien mayor.

En suma, he ahí los
    torturados cuerpos
        de
los esclavos y
    el torturado cuerpo
        de mi flor
que no es siquiera una flor de mostaza
    sino apenas una flor irreconocible
        y extraña
que yo he de naturalizar
    y aclimatar
        y hacer mía.

EL JARDÍN DEL MANICOMIO

Es lejos Asís, pero no
    demasiado lejos:
        en este jardín, rondando
por este jardín,
    hay un espíritu amable,
        hermano de los pobres
¿y quién más menesteroso
    que aquel que ama
        en primavera
cuando los pájaros hacen sus nidos?
    Fueron
        a comer de su mano
vacía
    y su abundancia
        los alimentó
a todos.
    Es simple:
        la humanidad entera
llegó a estarle en deuda.
    Es la estación del amor.

Es tiempo
    de jacintos,
        en el jardín
del manicomio,
    de racimos color coral
        y salmón,
y es también tiempo
    de nidos
        abandonados, antes
de que
    los gorriones
        empiecen
        a destruirlos
confiados en que habrá otro tiempo
    de abundancia
        en que podrán construirlos de nuevo.

Cerca de ellos
    sobre la hierba
        las jóvenes parejas
se abrazan   .
    como en un cuento
        de Boccaccio.
No les preocupa nada
    con el permiso de la enfermedad
        que los confinó

en este sitio.
    San Francisco los perdona
        como a todos los que aman
sin importar de quién se trate.
    Han visto
        la luz: brota
de sus desvergonzadas frentes.
    Allí va a dar
        la luz
atrapada entre estas cuatro paredes.
    Los han apartado
        de sus semejantes.
Esa es la recompensa
    por el nido del año pasado.
        San Francisco,
quien amaba los pájaros silvestres,
    intercede
        por quienes
nada tienen
    y viven
        por obra y gracia del amor
que,
    en este jardín, vence
        la desesperación.

Pasado el tiempo
    el ritmo se ha hecho más lento,

y en eso
ha cambiado
   la escena.
      Los amantes levantan la cara
sin saber qué ha pasado.
   El verano ha llegado ya.
      ¡Brilla intenso
el sol!
   Cegados por la luz
      caminan confusos,
buscando
   entre las hojas
      un lugar mejor
para atestiguar
   la estación que avanza.
      No creen
en su propia cura
   y dudan
      si escapar
de nuevo hacia lo oscuro.
   El escenario
      ha cambiado.
Por la gracia
   de san Francisco
      el escenario ha cambiado.
Atisban
   el cielo que los rodea

y la inmensidad del campo.
Llenos de terror
   buscan
      una flor familiar
para guarecerse,
   y los abruma
      la inmensidad del campo.
Avergonzados
   esconden la cara
      ante aquella plenitud,
oteando tímidamente
   entre los dedos.
      El santo los observa,
los ojos llenos de piedad.

El año es joven aún
   pero no tanto
      como ellos
que lidian
   con el miedo
      que los invade.
Despertados
   del sueño del primer amor
      parecen niños
arrancados de un largo dormir.
   El verano está aquí,
      sin duda.

El santo discretamente
se aleja.
        Una de ellos,
que se arma de valor,
    aparta las hojas
        y sale sola
a la luz
        haciéndose visera
        con la mano
mientras su corazón
    bate locamente
        ¡y su cerebro
se abre
    al sentido
        de todo!

EL ARTISTA

El señor T.
 sin sombrero, con una
  camiseta sucia
y el pelo
 completamente alborotado
  se alzó de puntillas con
los talones juntos
 y los brazos graciosa-
  mente
curvados sobre la cabeza.
 Y entonces, girando,
  dio un salto
en el aire
 y culminó el
  movimiento
con un perfecto
 entrechat.
  Mi madre
sentada en su sillón de inválida
 enmudeció

a causa de la sorpresa.
¡Bravo!, gritó por fin,
mientras aplaudía.

La esposa del señor T.
salió de la cocina, diciendo:
¿Qué pasa aquí?
Pero el espectáculo había terminado.

EL GORRIÓN

A mi padre

El gorrión
    que se posa en mi ventana
        más que una verdad natural
es una verdad poética.
    Su voz,
        sus movimientos,
sus hábitos…
    cómo goza batiendo
        las alas en
el polvo:
    todo lo atestigua;
        de acuerdo, lo hace
para sacudirse los piojos,
    pero el alivio que siente
        hace que
píe de placer,
    lo que supone un gesto
        más musical

que otra cosa.

Dondequiera que esté a comienzos
de primavera,
en una calle cualquiera
o en las proximidades de un palacio,
él prosigue
sus ritos de amor
sin inmutarse. Todo eso
comienza en el huevo,
y el sexo lo determina;
¿hay algo más pretencioso
e inútil
o que nos haga
sentir más orgullo?
Nos conduce muchas veces
a la ruina.
El gallo, el cuervo
con sus voces desafiantes
¡no pueden
superar
su piar insistente!
Un
atardecer
en El Paso
Vi —¡y oí!—
diez mil gorriones
llegar raudos

del
    desierto. Invadieron los árboles
        de un parque. Todo el mundo huyó
(¡zumbando los oídos!)
    de sus deyecciones
        abandonando el lugar
a los lagartos
    que viven
        en la fuente. Su imagen
es tan familiar
    como la del aristocrático
        unicornio, qué lástima
que ya nadie coma avena
    en estos tiempos:
        su vida sería
más simple.
    Aunque
        su pequeñez,
su aguda visión,
    su bien dispuesto pico
        y agresividad
le aseguren la supervivencia;
    por no hablar
        de su innumerable
prole.
    Hasta los japoneses
        saben de él y

lo han retratado
    con simpatía
        y profundo acierto
en sus menores
    características.
        Nada hay remotamente
sutil
    en su apareamiento.
        Se inclina
ante la hembra,
    bate las alas,
        baileteando,
echa atrás la cabeza y
    simplemente
        ¡chilla! El estruendo
es enorme.
    Su manera de limpiarse el pico
        frotándolo
contra una tabla
    es crucial,
        igual que el resto
de sus gestos. Sus cejas
    castañas
        le dan un aire
de perpetuo
    ganador; incluso
        una vez

vi una hembra gorrión
    escalar decidida
        hasta el techo
de un depósito de agua
    agarrando al macho
        por las plumas
y llevarlo,
    callado,
        sumiso
colgando sobre la calle
    hasta
        perderse de vista
¿Qué significaba
    aquello?
        La propia hembra
parecía
    perpleja ante su logro.
        Yo reí francamente.
Fue el poema
    de su existencia
        siempre práctica
lo que triunfó
    al final:
        un amasijo de plumas
aplastado en el pavimento,
    las alas simétricamente extendidas,
        como si volara,

perdida la cabeza,
    el negro emblema del pecho
        indescifrable,
la efigie de un gorrión,
    solo un cáliz vacío
        ahí para
comunicar
    bellamente, sin
        ofender a nadie:
esto fui,
    un gorrión.
        Lo hice lo mejor que pude.
Adiós.

LA FALSA ACACIA

Soy tenaz como la falsa acacia:
    una vez admitida
        en el jardín,
no es fácil deshacerse de ella.
    Arráncala del suelo:
        si queda una simple
raicilla
    volverá a brotar.
        Resulta
halagador pensarme
    así. Y también mueve
        a risa.
Una flor modesta,
    parecida a un rosado guisante de olor:
        no puedes sino
admirarla
    hasta que descubres sus
        hábitos.
¿No actuamos nosotros
    igual? Sería

   indeseable
que el público
  se entremetiera en nuestros
    pequeños asuntos privados.
No es
  que haya algo que esconder
   pero ¿podrán
soportarlo? Por supuesto
  el mundo se alegraría
   al descubrir
en qué clase de idiotas nos hemos convertido.
  La cuestión es,
   ¿serían tan
generosos como
  lo hemos sido
   nosotros? Se trata, tal
como he dicho, de
  una flor
   ¡increíblemente resistente
a los ataques!
  Ignórala
   y pronto será un árbol.
Ojalá pudiera decirse lo mismo
  de mí y de aquello
   que me espera.
El propio poeta,
  ¿qué piensa de sí de cara

al mundo?
No estaría bien responder,
    lo que se siente inclinado a decir:
        «No sé». Eso sería
traicionar sus poemas.
    Sería mejor contestar:
        «una rosa es una
rosa es una rosa», y dejarlo así.
    Una rosa *es* una rosa
        y el poema la iguala
si está bien hecho.
    El poeta
        no puede menospreciarse
sin menospreciar
    su poema
        —lo cual sería
absurdo.
    La vida no da
        mayor recompensa.
De modo que,
    como esta flor,
        persisto,
por lo que pudiera significar.
    No soy,
        ya lo sé,
una rosa, en la galaxia
    de los poetas, pero

¿*quién* de los otros
se atrevería a negarme
mi puesto?

ASFÓDELO, ESA FLOR VERDOSA
(fragmentos)

LIBRO I

Del asfódelo, esa flor verdosa,
 parecida a un ranúnculo
  sobre su tallo ramificado,
solo que leñosa y verde,
 vengo, mi amor
  a cantarte.
Hemos vivido mucho tiempo juntos
 una vida llena
  de flores,
¿no crees? Así que
 me alegré
  cuando comprendí
que hay flores también
 en el infierno.
  Hoy
me invade el frágil recuerdo de esas flores
 que ambos adorábamos,
  incluso el de esa cosita

descolorida
    —la conocí
        de niño—,
poco apreciada entre los vivos,
    pero que los muertos miran,
        preguntándose entre sí:
¿qué era aquello
    que tenía
        la misma forma?,
mientras los ojos se nos llenan
    de lágrimas.
        Del amor, nos hablará,
del amor perdurable
    aunque un tenue carmesí
        lo tiña
para hacerlo creíble.
    Hay algo
        algo urgente
que debo decirte
    a ti y solo a ti
        pero debe esperar
mientras disfruto
    del placer de tu cercanía,
        quizá por última vez.
Y con
    temor me
        lo arranco

y hablo
   sin atreverme a parar.
      Escúchame mientras hablo
con el tiempo en contra.
   No tardaré
      mucho.
He olvidado muchas cosas
   y sin embargo veo claro
      algo
central para el cielo
   que se extiende alrededor.
      ¡Despide
un aroma!
      ¡Un olor delicioso!
      ¡Madreselva! ¡Y ahora
se escucha el zumbar de una abeja!
   ¡Y toda una inundación
      de memorias hermanas viene!
Dame tiempo
   para recordarlas
      antes de que tenga que hablar.
Dame tiempo,
   tiempo.
Cuando era niño
   tenía un libro
      donde, de tanto
en tanto,

guardaba flores prensadas,
    de modo que, poco después,
tenía una buena colección.
    El asfódelo,
        como un presagio,
estaba entre ellas.
    Te traigo,
        redivivo,
el recuerdo de aquellas flores.
    Eran bellas
        cuando las sequé
y conservaron
    cierto aroma
        durante mucho tiempo.
Es un olor curioso,
    un olor moral,
        que me trae
junto a ti.
    El color
        desapareció primero.
Tuve que enfrentar
    un desafío:
        tu amada persona,
mortal como yo era;
    ¡la garganta del lirio
        ante el colibrí!
Una infinita riqueza,

pensé,
　　me abría los brazos.
Mil trópicos en
　　la floración de un manzano.
　　　La propia tierra, generosa,
nos cobijaba.
　　¡El mundo entero
　　　era mi jardín!
Pero el mar,
　　del que nadie se ocupa,
　　　también es un jardín
cuando el sol lo azota
　　y las olas
　　　se levantan.
Tú y yo
　　lo hemos visto
　　　avergonzar
a las flores.
　　Y también hay estrellas de mar
　　　resecas por el sol
y algas y malas hierbas
　　marinas. Sabemos eso
　　　y más porque
nacimos en la costa,
　　hemos visto rosaledas
　　　al borde mismo del agua.
Ahí crece la malvarrosa

y las fresas,
en temporada,
y ahí, más tarde,
íbamos a recoger
ciruelas silvestres.
No puedo afirmar
que por tu amor
haya ido al infierno
pero a menudo
me acerqué
en tu busca.
No me gustó
y prefería estar
en el cielo. Escucha.
No te des la vuelta.
A lo largo de mi vida
aprendí mucho
dentro y fuera de los libros
sobre el amor:
no termina
con la muerte.
Hay una jerarquía
por la que puede ascenderse,
creo,
en su servicio.
Su galardón
es una flor encantada;

un gato de veinte vidas.
    Si nadie se atreve a intentarlo,
        el mundo
saldrá perdiendo.
    Para ti y para mí
        ha sido
como quien mira una tormenta
    surgir del océano.
        Año tras año
hemos asistido
    al espectáculo de nuestras vidas
        con las manos entrelazadas.
Se desataba la tormenta.
    Los relámpagos
        iluminaban las nubes.
Al norte el cielo
    se veía plácido
        arrebolado y azul,
mientras el temporal arreciaba.
    Era una flor que pronto
        alcanzaría el ápice
de su floración.
    Nosotros bailábamos,
        Aunque fuera mentalmente,
y leíamos un libro juntos.
    ¿Te acuerdas?
        Era un libro muy serio.

Y fue así que los libros
    entraron en nuestras vidas.
¡El mar! ¡El mar!
    Siempre que
        pienso en el mar
me viene a la mente
    la *Ilíada*
        y el famoso desliz de Helena
que le dio origen.
    De no ser por aquello
        no habría habido
poema y el mundo,
    si acaso recordase
        aquellos pétalos carmesí
desparramados sobre las rocas
    los llamaría simplemente
        asesinato.
La sexual orquídea que floreció entonces
    enviando a tantos
        hombres desinteresados
a la tumba
    ha marcado el recuerdo
        de una raza de tontos
o de héroes,
    si es que el silencio es virtud.
        Solo el mar
en su multiplicidad

acoge toda esperanza.
     La tormenta
se disipó,
     y resistimos
          todas aquellas ideas
para al cabo
     refundar nuestras vidas.
          Es la mente,
la mente,
     la que hay que sanar
          antes que llegue
la muerte,
     y el futuro será de nuevo
          un jardín. El poema
es complejo, y también lo es hacerle
     un lugar
          en nuestras vidas.
El silencio puede ser complejo también,
     pero no se llega muy lejos
          con silencio.
Comencemos de nuevo.
     Es como el catálogo de las naves
          en Homero:
hace que transcurra el tiempo.
     Te hablo figuradamente,
          al cabo tus vestidos
son figuras también:

de otro modo no podríamos
entendernos. Cuando hablo
de flores
es para recordar
que algún día
fuimos jóvenes.
No todas las mujeres son Helena,
lo sé,
pero Helena habita en su corazón.
Querida:
en ti también, por eso
te amo,
y de otro modo no podría.
Imagina que ves
un campo lleno de mujeres
todas ellas blancas, de plata.
¿Qué podrías hacer
sino amarlas?
La tormenta se abate,
¡o escampa! No es
el fin del mundo.
El amor es algo más,
o así lo veo yo,
un jardín que se extiende
—aunque te conocí mujer,
y nunca te vi de otro modo—
hasta cubrir

el mar
    y sus jardines.
Era el amor por el amor,
    el amor que engulle todo el resto,
        amor agradecido,
por la naturaleza, la gente, los
    animales,
        amor que engendra
dulzura y bondad,
    lo que me motivaba
        y ese fue el amor que vi en ti.
Debería haber sabido,
    pero no lo sabía,
        que el lirio de los valles
enferma
    a quien lo huele.
        Nuestros hijos fueron
rivales en el pleito general.
    Los hice a un lado,
        aunque cuidaba de ellos,
como cualquier hombre
    cuida a sus hijos,
        de acuerdo a mis posibilidades.
Tú me entiendes:
    tenía que reunirme contigo,
        después de todo aquello
aún había que reunirnos.

El amor
     al que reverencias
igual que yo:
     una flor
          la flor más frágil
será nuestro sostén
     y no porque
          nos falten fuerzas
para que sea distinto
     sino porque
          en la cima de mi fuerza
me arriesgué
     para probar
          que nos amábamos,
temblando hasta los huesos
     por no poder llamarte
          en el acto.
¡Del asfódelo, esa flor verdosa,
     vengo, mi amor,
          a cantarte!
Mi corazón se enciende
     cuando pienso en darte nuevas
          de algo
que te atañe
     y atañe a muchos más. Mira
          lo que busca ser noticia:
no hallarás nada ahí, sino

en los despreciados poemas.
Es difícil
obtener noticias de un poema
aun cuando hoy muchos mueren miserablemente
por carecer
de lo que ahí se encuentra.
Escúchame
puesto que a mí también me atañe
como a cualquiera
que desee morir en paz
en su cama.

Inseparable del fuego
es la luz
que de hecho es más importante.
Luego viene
eso que tanto hemos temido,
pero que no puede
triunfar sobre lo que ya no está.
En el enorme intervalo
entre el relámpago
y el rayo que cae
ha llegado la primavera
o se ha producido una intensa nevada.

Llámalo vejez, si quieres.
　　Ese trecho bastó
　　　　para ver
al potro dar una coz.
　　No hay que apurar
　　　　la risa y la diversión,
la eternidad no alcanza
　　para que el calor agote la luz.
　　　　Eso es seguro.
Eso castra a la Bomba,
　　permitiendo
　　　　que la mente la contenga.
Es en ese intervalo,
　　en ese dulcísimo intervalo,
　　　　cuando el amor florecerá,
tarde o temprano,
　　y se hará accesible al amante.
¡Solo la imaginación es real!
　　La he descrito
　　　　como un tiempo sin fin.
Si un hombre muere
　　es porque la muerte, primero,
　　　　ha poseído
su imaginación.
　　Pero si rehúsa morir
　　　　ningún mal
puede ocurrirle

a no ser que la muerte
del amor lo alcance
a toda carrera.
En tal caso, sin duda,
para él
la luz se habrá esfumado.
Pero amor e imaginación
son tal para cual,
raudos como la luz,
para conjurar la destrucción.
Así que hemos venido a mirar pasar el tiempo
como si fuera
una tormenta veraniega
o una luciérnaga, seguros,
gracias a la imaginación,
a salvo a su cuidado.
Puesto que si
la propia luz
se esfuma
el edificio entero
se hunde.
Luz, imaginación,
y amor,
hoy,
por ley natural,
a la que nos acogemos,
mantienen

intacto
    su dominio.
Así, amemos
    confiados, como la luz
        en su batalla contra las tinieblas,
porque hay tanto que decir
    o más
        de la luz
que de la oscuridad
    que John Donne
        por ejemplo
entre muchos otros
    nos presenta.
        En esa controversia
que involucra a los jóvenes
    y a los viejos: Tolstói,
        Villon, San Antonio, Kung,
Rimbaud, Buda
    y Abraham Lincoln,
        la victoria es siempre
de la luz. La luz
    ¿Quién ha hecho avanzar más la luz?
        ¡Cualquiera de ellos!
La luz
    será siempre más rápida
        que el trueno.
La ceremoniosidad medieval

está llena de humanidad y aún hoy
su rumor nos deleita
igual que en nuestros días gozamos
la lectura de Chaucer,
como si fueran
los ornamentos de un sacerdote
(o los de un temible cacique).
Todo son
celebraciones de la luz.
La pompa y la ceremonia
de los matrimonios
—«Dulce Támesis, corre suavemente
hasta que termine
mi canto»—
lo son también.
Para nuestra boda, igualmente,
la luz se despertó
y brilló. ¡La luz
se detuvo frente a nosotros,
expectante!
Pensé que el mundo
se detenía.
Ante el altar,
tan decidido estaba
ante mis votos,
tan conmovido por tu presencia,
una joven pálida

presta al desmayo,
    que me compadecí
        y quise protegerte.
Cuando lo pienso, hoy,
    toda una vida después,
        es como si
una aromática flor
    dispuesta para mí
        se hubiese abierto.
El asfódelo
    no tiene olor
        excepto para la imaginación
pero también ella
    celebra la luz.
        Es tarde ya
pero un aroma
    que pareciera provenir de nuestra boda
        ha revivido para mí
y ha comenzado de nuevo a penetrar
    por las grietas
        de mi mundo.

CUADROS DE BRUEGHEL
(fragmentos)

II. PAISAJE CON LA CAÍDA DE ÍCARO

Según Brueghel
cuando Ícaro cayó
era primavera

un granjero araba
su campo
la estación

celebraba
sus fastos
y bullía

a la orilla del mar
concentrada
en sus cosas

sudando al sol

que fundió
la cera de las alas

insignificante
en la costa
sonó un

chapuzón
era Ícaro
ahogándose

IX. LA PARÁBOLA DE LOS CIEGOS

Esta horrible aunque soberbia pintura
la parábola de los ciegos
sin un rojo

en la composición muestra a un grupo
de mendigos conduciéndose
uno al otro en diagonal hacia abajo

cruzando el lienzo
desde un costado
hasta dar finalmente en una ciénaga

tras la cual la pintura
y la composición terminan
no hay ningún vidente

representado los rostros
sin afeitar de los desvalidos
con sus pocas lamentables

posesiones un cubo
para lavar una choza
pueden verse y la aguja de una iglesia

los rostros se alzan
como hacia la luz
no hay detalle extraño

a la composición cada uno
sigue a los otros báculo en
mano triunfante hacia el desastre

CANCIÓN

la belleza es una concha
surgida del mar
donde ella gobierna triunfante
hasta que el amor se interpone

vieiras y
veneras esculpidas al son
de las olas en retirada

ecos inmortales
repetidos hasta
que oído y ojo se acuestan
juntos en la misma cama

EL ZORZAL

hombre afortunado aún no es tarde
el zorzal
llega a mi jardín

antes que nieve
me mira en silencio sin
moverse

su pecho moteado refleja
trágicos pensamientos
de invierno mi amor los míos

LA DESTREZA AMOROSA

Ella vio
en la flor
caída

un
pétalo
rosado

intacto
y hábilmente
la puso

sobre
su tallo
otra vez

A UN PÁJARO CARPINTERO

Ave decembrina en el árbol pelado
tu canto chillón se eleva
recordándome

la muerte que hace tiempo celebramos
con lamentos
gritando de angustia

clamorosos velorios
maldiciones porque
los dioses

habían sido mezquinos
dulce ruiseñor del
invierno

las ramas soportan la nieve
como si fuese una alegre
cortina

LOS NIÑOS

De vez en cuando
encontrábamos un macizo
de violetas amarillas

no muchas
pero azules grandes violetas
azules en

el bosque del cementerio
recogimos
montones de ellas

había allí una familia
apellidada Foltette
una familia numerosa

con muchas tumbas de niños
así que cogimos

manojos de violetas

y pusimos uno
sobre cada lápida

LA VASIJA DE PIEDRA

Tengo en las manos
la postal
que me envió
     una señora

Una vasija de gres
vidriada
con un diente de león en relieve
     azul oscuro

Ella lo eligió
para que yo lo
admire sin querer
     al pasar

era una judía
íntima de
un hombre al que yo
     admiraba

A menudo nos reuníamos
en su estudio
y hablábamos
        de él

amaba el arte
antiguo de este
país
        gres azul

el sello postal de Albany
en la panza de la vasija
hace que lo
        recuerde

Ahora ha muerto qué
amable era
y qué
        persistente

POEMA DE JERSEY

vista de árboles de invierno
frente
a un árbol

en primer plano
donde
junto a la nieve recién

caída
yacen 6 leños listos
para el fuego

EL MUNDO REDUCIDO A UNA IMAGEN RECONOCIBLE

mientras salía de una enfermedad
hubo una lámina
probablemente japonesa
que me atrapó por completo

era una imagen absurda
salvo porque yo no podía reconocer nada más
la pared cobró vida para mí en esa lámina
y yo me aferré a ella como una mosca

A FLOSSIE

que me mostró
      un ramo de rosas de jardín
que conservaba
      en hielo

para una cita
      a cenar
con amigos
      pasado mañana

¿no son preciosas?
      no puedes
olerlas
      porque están muy frías

pero ¿no están
      de momento
hermosas
      en el papel de cera?

TRES POEMAS NÁHUATL

Una a una proclamo tus canciones:
     las enlazo, dorados cangrejos, como si fuesen
                                   [brazaletes:
     como esmeraldas las reúno.
Adórnate con ellas: son tus riquezas.
     Bañado en plumas de quetzal,
tu tesoro de plumas de ave, negras y amarillas,
las rojas plumas de la guacamaya,
haz sonar tus tambores sobre el mundo:
adórnate con ellas: son tus riquezas.

¿Adónde estoy por ir, adónde?
     El camino está ahí, el camino hacia Dos-Dioses.
     ¿Pero quién manda en ese lugar
donde nadie tiene un cuerpo,
en lo más profundo del cielo?
¿O quizás es solo en la tierra
donde perdemos nuestros cuerpos?
     Limpia, libre de cuerpos,

Su Casa: ¡no queda nadie sobre esta tierra!
　　　¿Quién preguntaba:
Dónde están? ¡Nuestros amigos ya no existen!

¿Regresará el príncipe Cuauhtli? ¿Volverá alguna vez?
¿Volverá Ayocuan, que apuntaba sus flechas al cielo?
Esos dos, ¿te darán alegrías aún?
　　　Nada vuelve: una sola vez desaparecemos.
He aquí la causa de mi llanto:
el príncipe Ayocuan, jefe guerrero,
nos gobernó con severidad.
Su orgullo creció, se volvió altivo
aquí, entre los hombres.
　　　Pero su tiempo ha terminado…
no puede ya inclinarse ante Padre y
　　　Madre…
Esta es la razón de mi llanto:
se ha ido al lugar donde nadie posee un cuerpo.

EL RESURGIMIENTO

Tarde o temprano
llegaremos al final
de la lucha

para restablecer
la imagen la imagen de
la rosa

pero aún no
dices extendiendo
el tiempo indefinidamente

por
tu amor hasta que una
primavera entera

reencienda
el violeta en las mismísimas
orquídeas

y así por
tu amor el mismo sol
se reaviva

Papel certificado por el Forest Stewardship Council®

Primera edición: marzo de 2026

Printed in Spain – Impreso en España

ISBN: 978-84-397-4681-2
Depósito legal: B-1.129-2026

Compuesto en La Nueva Edimac, S. L.
Impreso en Huertas Industrias Gráficas, S. A. (Fuenlabrada, Madrid)

RH 46812